数字のトリックを見ぬけ

はじめての

「データリテラシー」

② 早起きの子は成績がいいってホント? ほか

前田健太（慶應義塾横浜初等部教諭）／監修

汐文社
ちょうぶんしゃ

そのデータ、信じちゃってもいいの？

毎日のニュースなどで、よく見かけるデータ。
「たくさんの情報を集めたものだから、正確にちがいない！」と、そのまま信じてしまうのは、ちょっと待って！
データの裏側をのぞいて、そのデータがどのようにつくられたかを探ってみよう！

> 合格者の人数の比較をするには？

本年度の漢字検定合格者数

A 小学校	B 小学校
30人	10人

> 1日でどのくらい食べればいいの？

食品名	ビタミン C の含有量 （可食部※100g あたり）
パセリ	120mg
ピーマン	76mg
キウイフルーツ	68mg
いちご	62mg

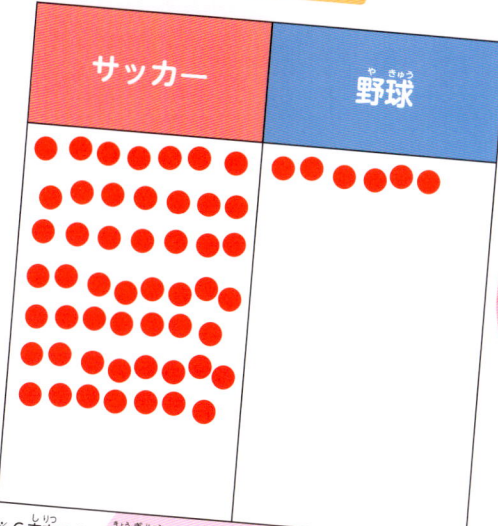

サッカーと野球、どっちが好き?

サッカー	野球

※ C市立スポーツ競技場で、6月11日に調査。

どんな人たちに聞いた
アンケートかな?

支持率のちがいの
原因は?

内閣支持率の調査

A 新聞社

支持する 53%	支持しない 17%	わからない 30%

B 新聞社

支持する 71%	支持しない 20%	わからない 9%

早起きすれば、
学力が上がる !?

早起きの子は学力が高い!
起きる時間別のテストの平均点

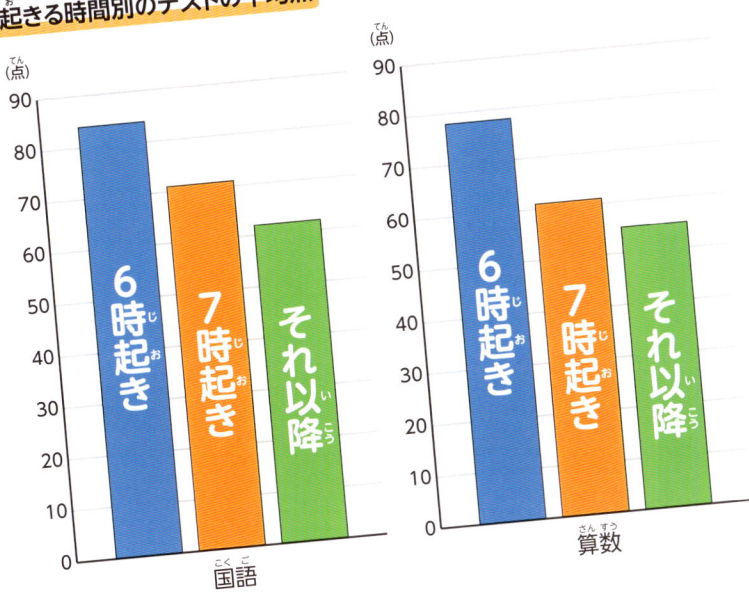

(点)

国語

算数

はじめに

「小学生の○％が、新作アニメ『△△△』に夢中！」
「今月の××デパートでの売上ランキング1位は□□！」

インターネットやSNS、テレビなどで、このようなデータや情報を目にすることはありませんか？　そして、「○％の人が見ているなら、自分もこのアニメを見ようかな」と思ったり、「□□が人気だから、自分もほしい！」と思ったりすることはありませんか？

しかし、そのデータや情報が、すべて正しいとは限らないのです。多くの人の気持ちを動かそうとしたり、商品の売上を増やそうとしたりして、大げさな差をつけたランキングや、都合のいい部分だけを切り取ったようなグラフを見せていることも少なくないのです。

また、データは、都合の悪い部分をはぶいたり、自分たちの意見に賛成してくれる人だけをえらんでデータを集めたりと、都合のいいようにコントロールすることができます。

この2巻では、「データをどのように集めているのか」「示されているデータ以外に大切な情報がかくれていないか」など、データの裏側にせまり、データの「正体」を発見するコツを身につけましょう。

では、データの裏側を
のぞいていくぞ！

もくじ

あーあ、漢字検定に落ちちゃった……

となりのA小学校は、このB小学校の3倍の漢字検定合格者がいるんだって！

A小学校	B小学校
30人	10人

ほ、ほんとだ！もしかしてA小学校は、とくべつな漢字の勉強をしてるとか!?

いやいや、そうとは言えないぞ

このデータだけでは、合格者数の比較はできないのだ！

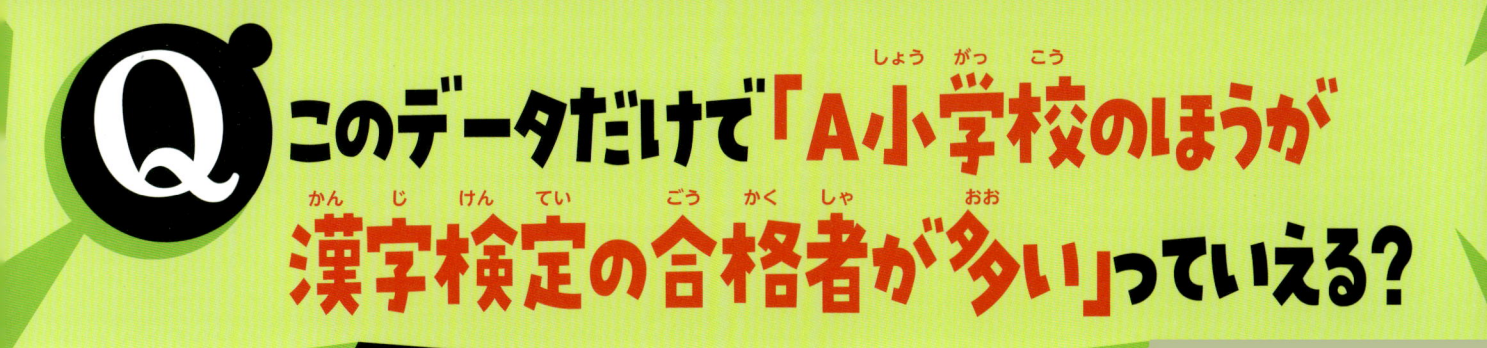

Q このデータだけで「A小学校のほうが漢字検定の合格者が多い」っていえる?

A小学校の漢字検定合格者数は、なんとB小学校の3倍！

しかしこれだけで、「A小学校のほうが合格者が多い」といえるだろうか？

本年度の漢字検定合格者数

A 小学校	B 小学校
30人	10人

これって、A小学校には漢字のとくいな人が多いってことなのかなぁ？

合格者数だけでは、そういう判断はできないんだよ。何か見落としていることがあるかもしれないぞ！

データ探偵
ニャン太からのヒント！

それぞれの学校の受験した児童数は？

たしかにA小学校のほうが合格者数は多いね。しかし、「たくさんの人数が受験していれば、合格者数も多くなりやすい」ということをふまえて考えてみよう！

さっきのデータには、それぞれの小学校の受験した児童数は書かれていなかったね。2つの小学校の受験者数のちがいにも目を向けてみよう！

全体の受験者数がわからない

このデータでは、それぞれの小学校全体の受験者数がわからない。漢字検定合格者が、全受験者の中でどのくらいをしめるのかを確認することが必要だ。

A 小学校	B 小学校
30人	10人

まずは児童数を調べて、その中での合格者の「割合」を計算してみよう！

	A 小学校	B 小学校
合格者数	30人	10人
受験者数	300人	100人

割合とは?

もとになる量の どのくらいにあたるかを示す

もとになる量を1としたとき、比べられる量がどのくらいにあたるかを示す数のことで、「比べられる量÷もとになる量」で求めることができます。また、もとになる量を10とする「歩合（○割）」、100とする「百分率（○%）」でも表すことができます。

合格者数の割合を調べてみよう

8ページで説明した割合の計算式で、それぞれの小学校の児童数の中の漢字検定合格者数の割合を調べてみよう。

A 小学校

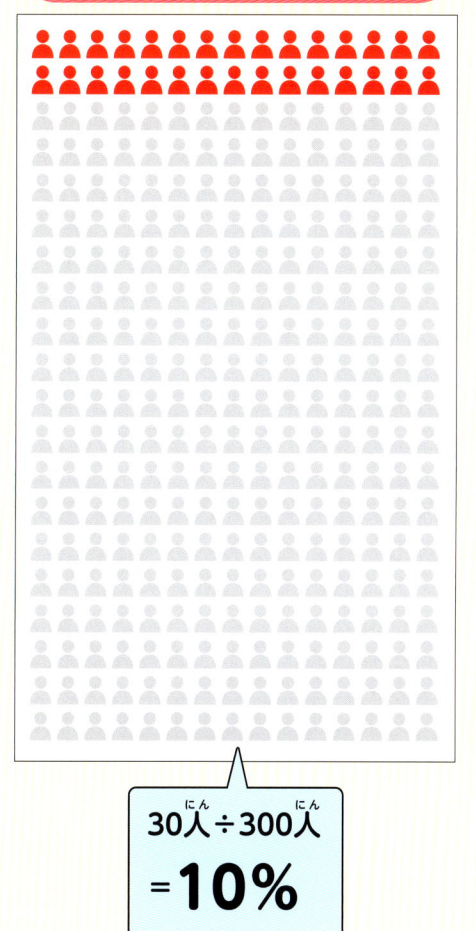

30人 ÷ 300人
= **10%**

B 小学校

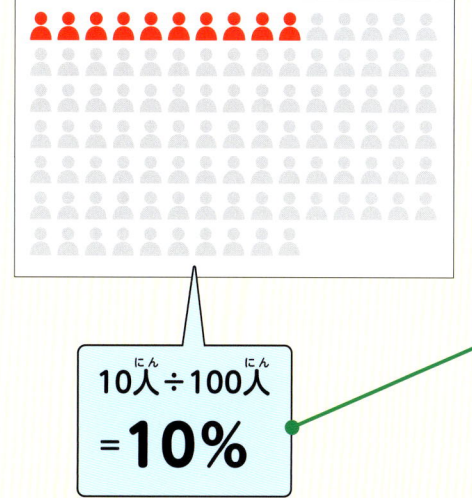

10人 ÷ 100人
= **10%**

合格者数の割合はどちらも同じ

8ページの割合の式にある「もとになる量」は受験者数で、「比べられる量」は合格者数だ。**それぞれの合格者数の割合を出してみると同じになる。**

そっか！ A 小学校は、もともとの受験者数が多いから、合格者数も多くなっていたんだね！

✏️ まとめ

✔️ 「地域別の感染症の患者数」や「出版社別のヒット作品の数」のように数量を比べるときには、それぞれの全体の数量や割合も確認しよう。

✔️ 全体の数量(もとになる量)が多いと、その中にしめる一部の数量(比べられる量)も多くなりやすい。

Q 「野球よりもサッカーのほうが人気」って本当かな?

このアンケートの結果で、「最近は野球よりもサッカーが人気」と言い切ることはできるだろうか?

サッカーと野球、どっちが好き?

サッカー	野球
●●●●●●●●● ●●●●●●●●● ●●●●●●●●● ●●●●●●●●● ●●●●●●●●● ●●●●●●●●●	●●●●●●●

※ C市立スポーツ競技場で、6月11日に調査。

ぼくは野球のほうが好きだけど、このアンケートを見ると、サッカーが好きな人のほうが多いってことだよね?

アンケートの結果ではそうだね。でも、このアンケートの投票をどうやって集めたのかを確認する必要があるぞ。

データ探偵 ニャン太からのヒント!

アンケートに答えたのはどんな人?

たとえば、「好きな食べ物」のアンケートをとったら、きっと小学生とお年寄りではまったく結果は異なるよね。では、さっきのアンケートは、いったいどんな人たちにたずねたんだろう?

アンケートは、答えてもらった人たちにかたよりがあると、結果もかたよってしまうんだ。まずは、さっきのアンケートはどんな人たちに聞いていたのかを確認しよう！

サッカーと野球、どっちが好き?

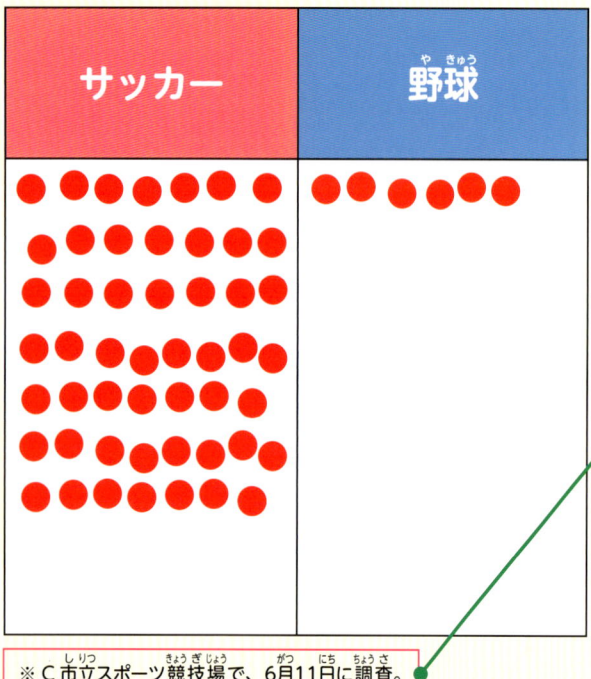

サッカー	野球

※ C市立スポーツ競技場で、6月11日に調査。

アンケートのとり方で結果は変わる

いつ・どこで・どんな人にアンケートを行ったのかを確認し、結果にかたよりがないか調べてみよう。

では、このアンケートをとった6月11日のC市立スポーツ競技場では、何が行われていたのかを確認してみよう！

C市からのお知らせ

6月11日、C市立スポーツ競技場では、C市のサッカーチーム・アップルスターCの試合を開催します！

C市のホームページを見ると、この日はサッカーの試合が行われていたんだね！ ということは、サッカーが好きな人が多いところでアンケートをとっていたってこと？

どんな人にアンケートを行ったかを確認しよう

「好きなスポーツ」について、どのようにアンケートをとれば
より正確な結果を導き出せるか、考えてみよう。

- 👤 サッカーが好きな人
- 👤 ゴルフが好きな人
- 👤 野球が好きな人
- 👤 陸上競技が好きな人
- 👤 相撲が好きな人

答える人のえらび方でかたよった結果になる

サッカーが好きな人が多いところで「好きなスポーツ」についてアンケートを行うと、サッカーが好きだと答える人が多くなり、**結果がかたよったものになる。**

いろんな人にたずねるのが望ましい

さまざまなスポーツを好む人がいるところでアンケートをすると、**ある程度正しい結果が出やすい。**

調査などの対象になる人をえらぶことを「サンプリング(標本抽出)」というんだ。このサンプリングにかたよりがあると、アンケートの結果もかたよったものになってしまうよ。

✏️ まとめ

- ✔ 答える人のえらび方によって、アンケート結果がかたよってしまうことがある。
- ✔ アンケートである程度正しい結果を出すには、かたよりのないサンプリングが必要。

13

アンケートでは、わざとかたよったサンプリングをして、商品の宣伝（しょうひん せん）に使ったり、多く（おお）の人（ひと）の気持ち（きも）を動か（うご）そうとしたりすることがあるんだ。

これは、ある化粧品（け しょうひん）の広告（こうこく）にあったアンケート結果（けっか）だよ。

美容液 「ツヤリーヌ」
92%の人が満足！

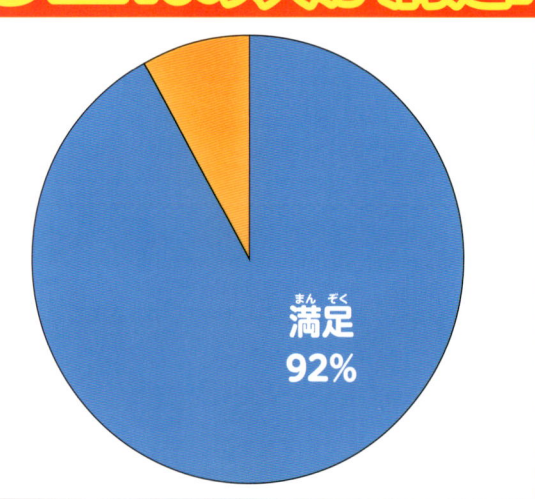

満足（まん ぞく）
92%

92%の人（ひと）が満足（まん ぞく）ってことは、いい化粧品（け しょうひん）だってことなんじゃないの？

👤 「ツヤリーヌ」を使った（つか）ことがない人（ひと）

👤 「ツヤリーヌ」を1回（かい）だけ使った（つか）人（ひと）

👤 「ツヤリーヌ」を2回以上（かい い じょう）使った（つか）人（ひと）

今回（こんかい）のアンケートでのサンプリング。

このアンケートでは、わざと化粧品（け しょうひん）を何回（なん かい）も使って（つか）いる人（ひと）をサンプリングしていたから、ほとんどの人（ひと）が「満足（まん ぞく）」って答え（こた）ていたのかぁ。

あなたは投票に行きますか?

- わからない 2%
- 行かない 11%
- 行く 87%

※ D新聞の読者のうち、有権者(18歳以上)に調査。

これは、D新聞社が新聞の読者に対して行った、選挙の投票に行くかどうかの世論調査だけど……。

この世論調査では、投票に行く人が約90%だ! でも、日本の投票率が低いって、この前問題になっていた気がするなぁ。

参考

2021年(令和3年)の衆議院議員総選挙での、小選挙区の投票率は55.93%、2022年(令和4年)の参議院議員通常選挙での、地方区・選挙区の投票率は52.05%(総務省選挙部「よくわかる投票率(令和6年3月)」より)。

投票に行こう!

じつはD新聞社の新聞では、いつも「投票に行こう」と呼びかけているんだ。だからD新聞の読者には、その呼びかけを受け入れている人が多いと考えられるね。

新聞の読者の考えは新聞の内容と似やすいし、そもそも新聞を読む人は、政治に関心をもつ人が多い可能性もあるよね!

あれ？

テレビのニュースと、スマホのニュースでは、内閣支持率がかなりちがう……

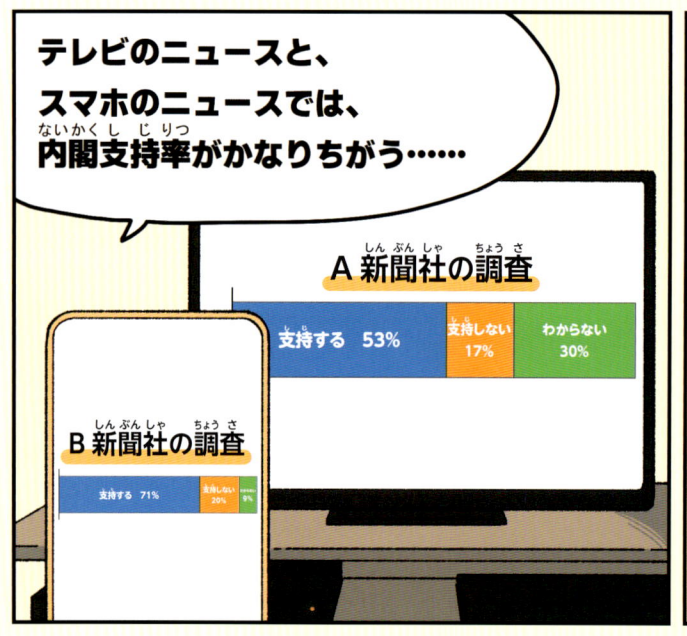

A新聞社の調査

支持する 53%	支持しない 17%	わからない 30%

B新聞社の調査

支持する 71%	支持しない 20%	9%

いいことに気づいたな！

では、なぜちがいが大きいと思う？

えっと……ちがう場所で調査したから？

ハズレー！

支持率の計算ミス……とか？

不正解！

……ああっ！わかんないよぉっ！

Q 新聞社によって内閣支持率がちがうのはなぜ？

2つの新聞社が、同じ地域の人に電話で内閣支持率の調査をしたところ、支持率がちがっていた。これはどうしてだろう？

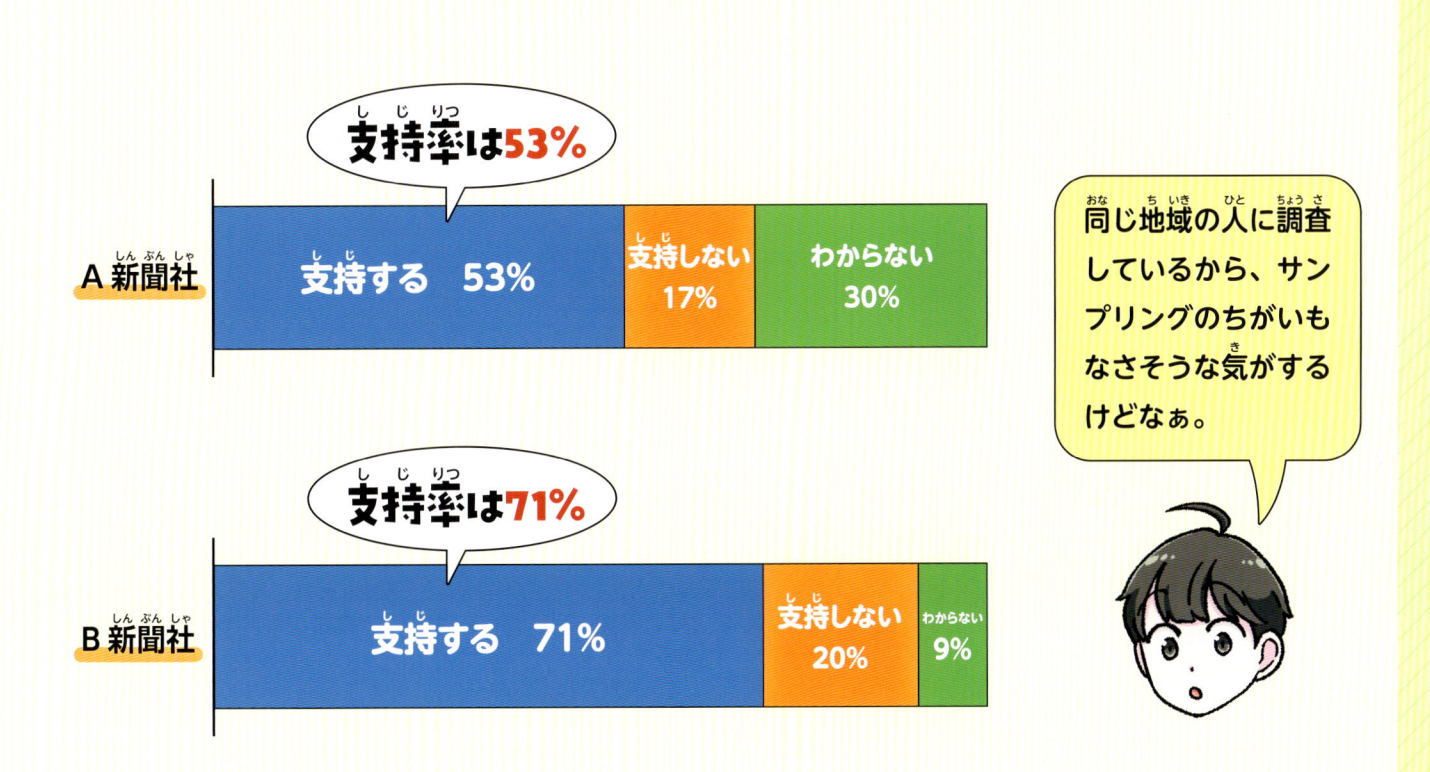

支持率は**53%**

A新聞社

| 支持する　53% | 支持しない 17% | わからない 30% |

支持率は**71%**

B新聞社

| 支持する　71% | 支持しない 20% | わからない 9% |

同じ地域の人に調査しているから、サンプリングのちがいもなさそうな気がするけどなぁ。

データ探偵
ニャン太からのヒント！

「わからない」の割合に注目！

　「支持する」「支持しない」「わからない」の3つの割合は、A新聞社とB新聞社で異なっている。その中でも、A新聞社の調査での「わからない」の割合の高さに注目してみよう！

A 新聞社の調査では、「わからない」の割合が高いね。それを手がかりにして、それぞれの新聞社の調査方法を確認しよう！

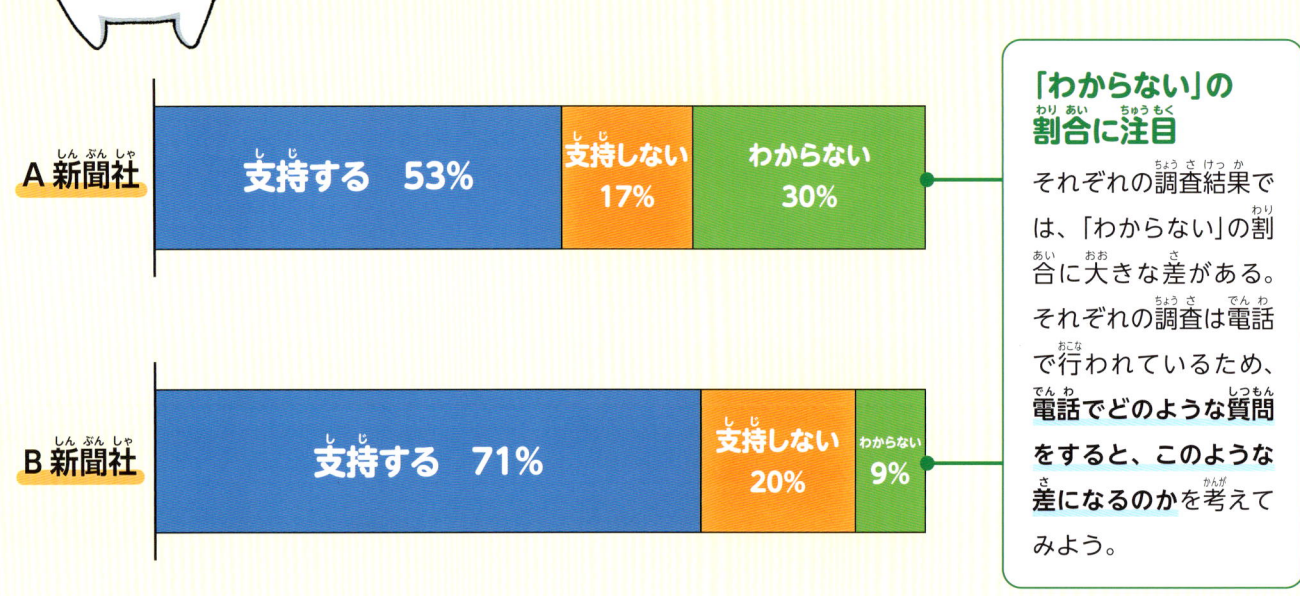

A 新聞社

| 支持する　53% | 支持しない 17% | わからない 30% |

B 新聞社

| 支持する　71% | 支持しない 20% | わからない 9% |

「わからない」の割合に注目

それぞれの調査結果では、「わからない」の割合に大きな差がある。それぞれの調査は電話で行われているため、電話でどのような質問をすると、このような差になるのかを考えてみよう。

A 新聞社の質問方法

調査員

あなたは、現在の内閣を支持しますか？　支持する・支持しない・わからない、の3つからえらんで答えてください。

B 新聞社の質問方法

調査員

あなたは、現在の内閣を支持しますか？　支持する・支持しない・わからない、の3つからえらんで答えてください。

↓

わからないと答えた方におたずねします。どちらかというと支持しますか、支持しませんか。

B 新聞社は、「わからない」と答えた人に、もう一度質問をしているんだね！

18

「質問のしかた」がどのような影響をあたえるかを考えよう

「わからない」と答えた人に、「どちらかといえば？」ともう一度質問することで、調査結果にどのような影響があるのかを考えてみよう。

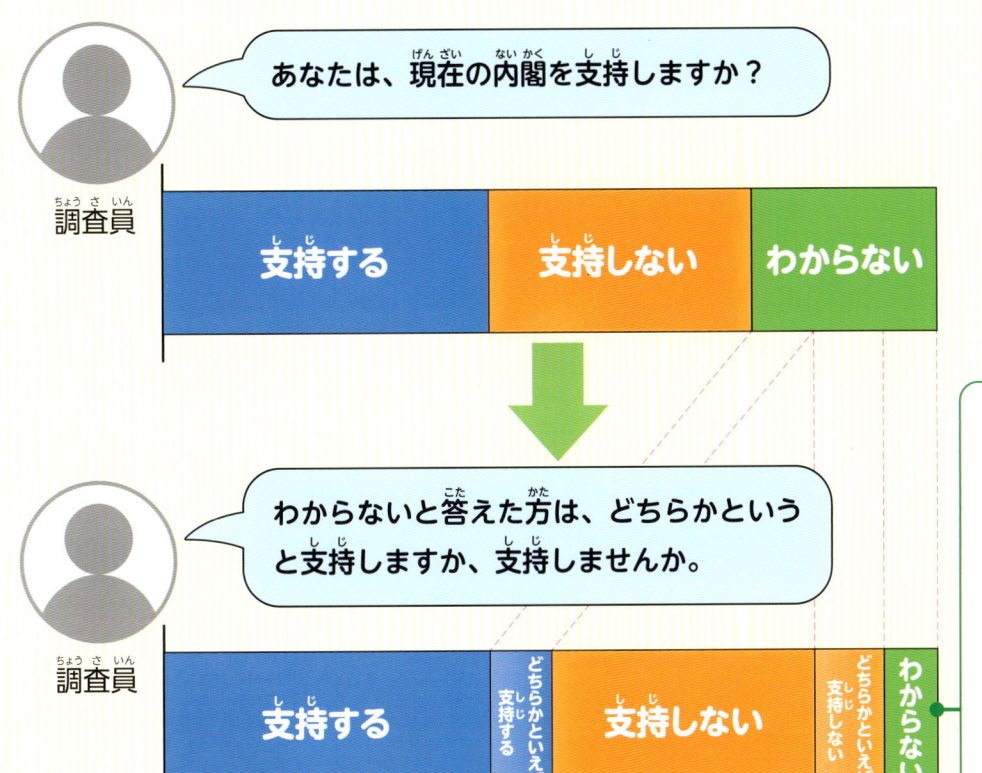

調査員

> あなたは、現在の内閣を支持しますか？

| 支持する | 支持しない | わからない |

調査員

> わからないと答えた方は、どちらかというと支持しますか、支持しませんか。

| 支持する | どちらかといえば支持する | 支持しない | どちらかといえば支持しない | わからない |

「どちらかといえば?」で「わからない」が減る

「わからない」と答えた人に、「どちらかといえば？」ともう一度質問をすることで、「支持する」「支持しない」が増え、「わからない」が減るようになる。

> 大切なのは、同じルールで調査を続けることだ。そうすれば、過去のデータと比べることができ、支持率の変化のしかたがわかったり、今後の支持率の予想もできたりするようになるんだよ。

✏️ まとめ

- ✔ 調査結果は、選択肢の種類によっても差が出てしまう。
- ✔ 選択肢の種類を変えずに調査を続けると、過去のデータと比較ができる。

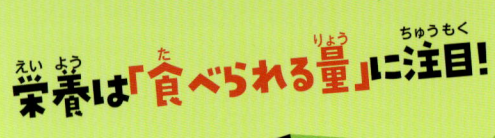

ど、どうしたんだ？
そのかっこうは！

紫外線から
肌を守ってるの！
紫外線対策で、
ビタミンCも
たくさんとろうと
思ってるんだから！

うわさだと、1日に必要な量の
ビタミンCをとるには、パセリが
いちばんかんたんなんだって！

ほう……
本当にパセリを食べて、
1日分のビタミンCを
とるつもりなんだな

えっ!? 何かダメな
ことでもあるの!?
何なの？
教えてよーっ！

Q ビタミンCをかんたんにとるには パセリがいいの？

ビタミンCは、1日（にち）に100mgとるのが望（のぞ）ましいとされている。
下（した）の表（ひょう）を見（み）ると、パセリを食（た）べればよさそうだけど……。

食品名（しょくひんめい）	ビタミンCの含有量（がんゆうりょう）（可食部（かしょくぶ）※100gあたり）
パセリ	120mg
ピーマン	76mg
キウイフルーツ	68mg
いちご	62mg

※皮（かわ）や芯（しん）、種（たね）などを除（のぞ）いた、食（た）べられる部分（ぶぶん）のこと。

これってパセリを食（た）べれば、1日分（にちぶん）のビタミンCがかんたんにとれるってことだよね？

ちょっと待（ま）った！本当（ほんとう）にパセリで1日分（にちぶん）のビタミンCがとれるのか、よーく考（かんが）える必要（ひつよう）があるぞ！

データ探偵（たんてい）
ニャン太（た）からのヒント！

「100g」は何個（なんこ）（何本（なんぼん）分（ぶん））？

この表（ひょう）では、食品（しょくひん）100gあたりにふくまれるビタミンCの量（りょう）が書（か）いてあるね。では、それぞれの食品（しょくひん）の「100g」は、何個（なんこ）（何本（なんぼん）分（ぶん））にあたるんだろう？

パセリを100g 食べれば、1日分のビタミンC量（100mg）が十分にとれるけれど、そのためにはどのくらいのパセリを食べる必要があるかを調べてみよう！

食品名	ビタミンC の含有量（可食部※100g あたり）
パセリ	120mg
ピーマン	76mg
キウイフルーツ	68mg
いちご	62mg

※皮や芯、種などを除いた、食べられる部分のこと。

1個（1本）あたりの量ではない

ここで示されているのは、「100gあたりのビタミンC含有量」であって、「1個あたり」「1本あたり」ではないことに注意しよう。

パセリは、1本あたりに置きかえるとビタミンC量がそんなに多くないよね。

食品名	1個（パセリは1本）あたりの重さ	1個（パセリは1本）あたりのビタミンC含有量
パセリ	5.4g	6.48mg
ピーマン	54.3g	41.3mg
キウイフルーツ	75g	53.3mg
いちご	29.4g	18mg

※食品の重さは、いずれも可食部のみ。

つまり、パセリで1日分のビタミンC をとるなら、たくさん食べないといけないってことなんだ！

1日分のビタミンCをとるために必要な「食べる量」を計算しよう

それぞれの食材でビタミンCを100mg とるには、
どのくらい食べる必要があるのかを計算してみよう。

食品名	1個(パセリは1本)あたりのビタミンC 含有量	1日分のビタミンC 摂取に必要な「食べる量」
パセリ	6.48mg	15.4本
ピーマン	41.3mg	2.4個
キウイフルーツ	53.3mg	1.9個
いちご	18mg	5.6個

パセリを15本食べるのは無理っぽいけど、ほかの食品なら無理なく食べられそう！　栄養の量だけじゃなく、食べられる量も考えないといけないんだね。

※食品データ参考：文部科学省「食品成分データベース」

 まとめ

✔ 栄養素の量などの表示では、まずは「何gあたりの量か」を確認しよう。
✔ 次に、どんなに栄養素の量が多い食品でも、1個(1本)あたりで計算して「実際に食べられる量で栄養をとれるか」を考えよう。

Q 「早起きの子は学力が高い」なら、早起きすれば学力が上がる!?

「早起きの子は学力が高い」というデータが発表された。
つまり、「早起きをすれば学力が上がる」ということだろうか？

早起きの子は学力が高い！
起きる時間別のテストの平均点

凡例:
- 午前6時までに起床
- 午前7時までに起床
- 午前7時以降に起床

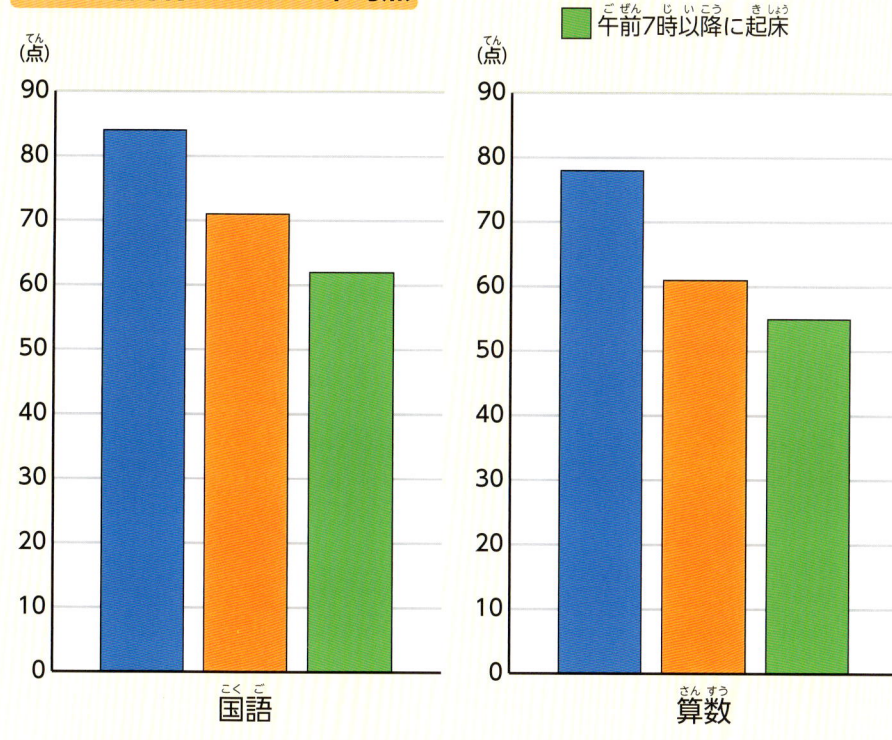

（左グラフ）国語
（右グラフ）算数

お母さんは、このデータを見て、ぼくを早起きさせようとしたのか……。

はたして「早起きが学力アップにつながっている」といえるかどうか、よく考えてみよう！

データ探偵
ニャン太からのヒント！

「早起き」と「学力」はどんな関係？

　早起きの習慣と学力には、たしかに関係がありそうだ。しかし、「早起きするから学力が上がる」という関係になっているかどうかは、わからないぞ。

「早起き」と「学力の高さ」には、おたがいにかかわりあっている「相関関係」があるといえるんだ。しかし、「原因」と「結果」の関係である「因果関係」があるとはいえないぞ。

相関関係

二つの事柄（AとB）において、それぞれかかわり合いが存在する関係のこと。

「早起きの子は学力が高い」
早起きの子（A）の中には、学力の高い子（B）が多いという関係がある。

AとBの間に何らかの関係があるため、相関関係があるといえる

この相関関係って、お母さんが言っていたような「早起きさえすれば学力が上がる」っていうのとはちがうの？

キミのお母さんは、「早起き」が原因になって「学力が上がる」という結果を生み出す「因果関係」だと思っているみたいだよ。しかし、相関関係と因果関係は、まったく別のものなんだ。

因果関係

二つの事柄（AとB）において、一つが原因、もう一つがその結果になっている関係のこと。

「早起きをしたら学力が上がる」
早起き（A）が原因となって、学力が上がる（B）という結果が起こる？

これは絶対に正しいとはいえない＝因果関係はない

「早起き」と「学力の高さ」の関係を整理してみよう

「早起き」と「学力の高さ」は、相関関係はあるものの、因果関係はない。
では、なぜ因果関係だと思ってしまうのだろう？

 早起きの子 は 学力が高い 。

どうして早起きをするのか？

- 早めに目を覚まして、1時間目から集中したいから
- 勉強の準備をするために、時間のよゆうがほしいから
- 朝に復習をする習慣があるから　など

早起きで生活リズムを整え、時間によゆうがもてる。

「学力の高さ」は時間のよゆうと因果関係がある

「早起き」が「学力の高さ」に直接つながっているわけではなく、早起きによって生活のリズムが整い、時間によゆうをもてることが、学力アップにつながっている。つまり、「時間のよゆう」と「学力の高さ」には因果関係があるといえる。

 ただ早起きしただけじゃなく、早起きして勉強の準備などができるから、学力が上がるってことだね！

 **まとめ**

- ✔ 相関関係と因果関係は似ているが、まったく異なる関係。
- ✔ 相関関係が因果関係に見えてしまう場合、対象となっている二つの事柄以外に、因果関係がかくれている場合がある。

データのギモン＆なぞを解いてみよう！

ここまでに学んだデータの見方を使って、
データに関する3つのギモン＆なぞを解き明かしてみよう！

❶ 高齢者を多くサンプリングするには?

E社では、「全国民に対して調査する」といいながら、高齢者を多くサンプリングして世論調査を行った。E社が高齢者をねらってサンプリングするのに使った調査方法は、次のア〜エのうち、どれだろう？

> **ア** テレビのリモコンのdボタンを使った調査
>
> **イ** インターネットを使った調査
>
> **ウ** スマホのアプリを使った調査
>
> **エ** 自宅の電話に電話をして行う調査

これって、「お年寄りが使いそうなもの」を選べばいいってことかな？

あっ！ ぼくのおばあちゃんは、家にある電話しか使ってないよ！

❷ SNS のアンケートの 「かたより」を予想しよう

　最近は SNS でもアンケートをとっていることが多いが、サンプリングやアンケート結果にかたよりが出やすいとされている。次の二つのギモン点について考え、SNS でのアンケート結果にどのようなかたよりが出てくるか、予想してみよう。

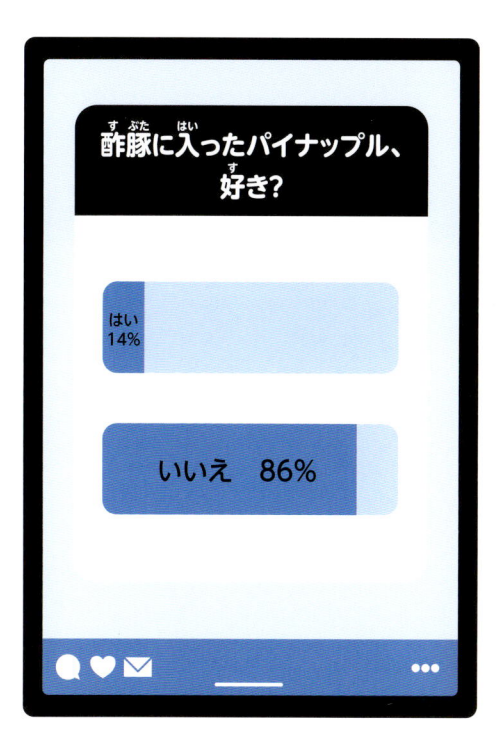

酢豚に入ったパイナップル、好き？

はい 14%

いいえ　86%

ギモン
1

アンケート回答者の多くが、アンケートをとっている人の SNS をフォローしている人だとしたら？

アンケートをとっている人と考えが似ている人が SNS をフォローしているんじゃないかなぁ？　だとしたら……。

ギモン
2

同じ人が、いくつものアカウントを使って回答しているとしたら？

だれかがたくさんアカウントをもっていて、アンケート結果をコントロールしているかもしれない……。

アンケートをとっている人だって、いくつもアカウントをもっているかもしれないよ！

あるネットの記事で、「映画館が多い町には、犯罪が多い」というデータが発表されていた。記事のまとめでは、「犯罪を減らすには、映画館を減らすべきだ」と書いてあったけれど、これは本当だろうか？

うーん。映画館が犯罪を増やしているとは思えないけど……。

相関関係と因果関係をまちがえちゃいけないよね？　じゃあ、関係を整理してみようよ！

映画館が多い町 には、 犯罪が多い 。

映画館があるのは、どんな町？

（　　　）が多い分だけ、犯罪も増えやすくなる。

- 多くの人でにぎわっている町。
- たくさん人が集まる町。
- 住民が多い町。

つまり…

正しい関係としては、「（　　　）が多い町には、犯罪が多い」ってことなんだね！

（　　　）が多い町

※❸の答えは31ページ下にあるよ。

30

さくいん

データを読み取るためのキーワード

認知（にんち）バイアス

わたしたちは、何事（なにごと）も十分（じゅうぶん）に考（かんが）えて判断（はんだん）しているように思（おも）えますが、多（おお）くの判断（はんだん）は、直感（ちょっかん）やこれまでの経験（けいけん）から得（え）た「思（おも）い込（こ）み」によって行（おこな）われています。この「思い込み」を、「認知（にんち）バイアス」といいます。

この2巻（かん）で紹介（しょうかい）したデータには、いろいろと問題（もんだい）がかくれているにもかかわらず、「ちゃんと調（しら）べたデータだから、まちがいないだろう」「新聞社（しんぶんしゃ）の世論調査（よろんちょうさ）だから、正（ただ）しいはず」などと考（かんが）え、そのまま信（しん）じてしまいたくなりませんでしたか？　これがまさに認知（にんち）バイアスです。思（おも）い込（こ）みを取（と）り除（のぞ）くのは難（むずか）しいですが、「今（いま）、自分（じぶん）は思（おも）い込みにとらわれているかもしれない」と思（おも）うくせをつければ、データのおかしな部分（ぶぶん）にも気（き）づきやすくなります。

「自分（じぶん）は大丈夫（だいじょうぶ）」なんて思（おも）わずに、認知（にんち）バイアスに気（き）をつけようね！

③の答（こた）え：人（ひと）

監修　前田健太（まえだけんた）

慶應義塾横浜初等部教諭。 学校図書教科書編集委員。単書『しかける！　算数授業』（明治図書出版）ほか、共著や雑誌寄稿多数。
子どもたちが愉しいと思える算数授業を目指して日々実践を重ね、その様子をX（旧Twitter）などのSNSで発信している。X:@mathmathsan

編集・執筆　菅原嘉子
イラスト　　田島ゆみ
デザイン　　中富竜人

数字のトリックを見ぬけ　はじめてのデータリテラシー

❷ 早起きの子は成績がいいってホント？　　ほか

2024年12月　初版第1刷発行

監修者　　前田健太（慶應義塾横浜初等部教諭）
発行者　　三谷光
発行所　　株式会社汐文社
　　　　　〒102-0071
　　　　　東京都千代田区富士見1-6-1
　　　　　TEL 03-6862-5200　　FAX 03-6862-5202
　　　　　https://www.choubunsha.com

印　刷　　新星社西川印刷株式会社
製　本　　東京美術紙工協業組合

ISBN978-4-8113-3188-1